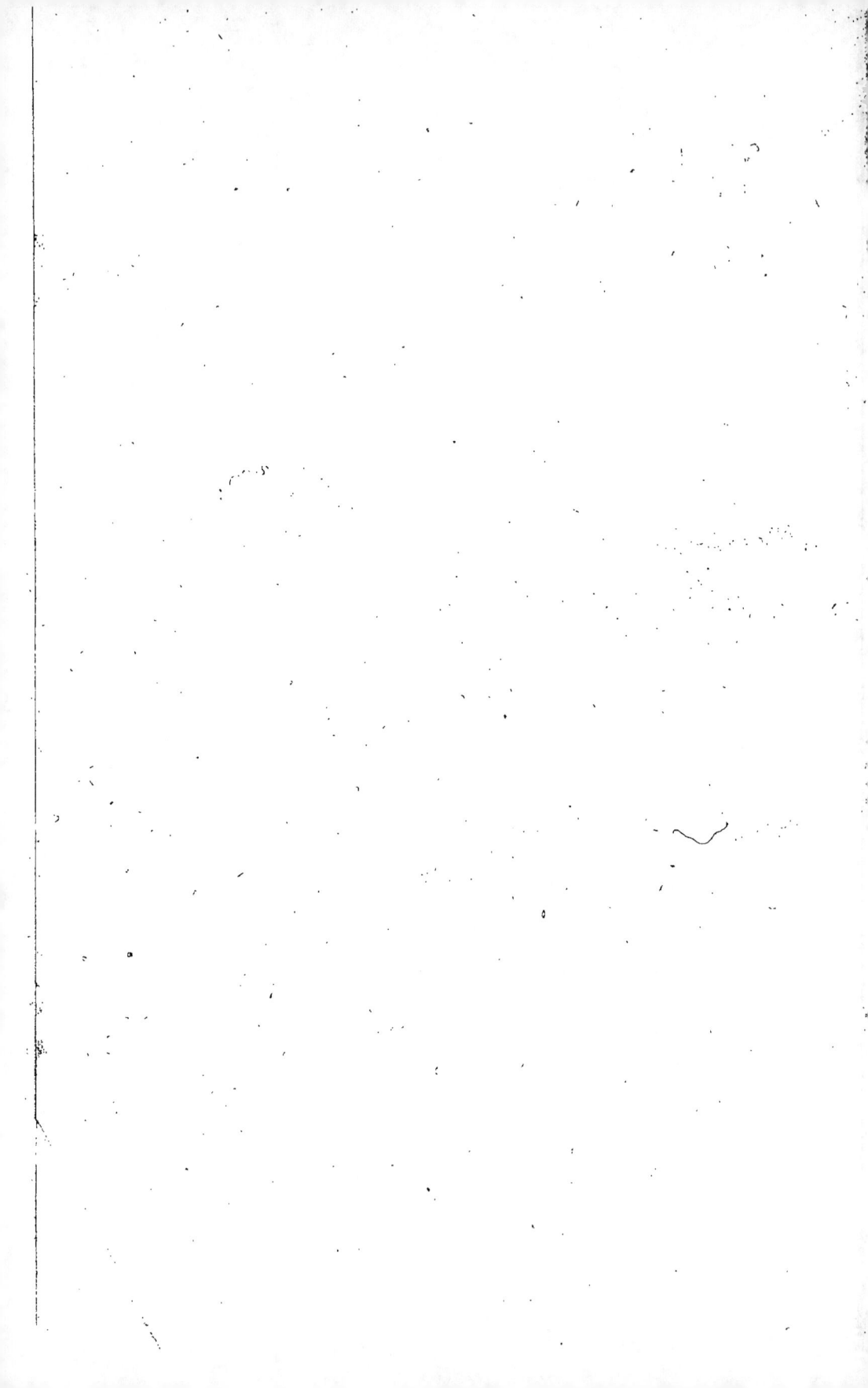

INVENTAIRE DES MEUBLES ET TITRES

DE

JEAN-HECTOR DE FAY, MARQUIS DE LA TOUR-MAUBOURG

INVENTAIRE

DES

MEUBLES & TITRES

DE

JEAN-HECTOR DE FAY

MARQUIS DE LA TOUR-MAUBOURG

MARÉCHAL DE FRANCE

Par le docteur A. CHARREYRE.

LE PUY

TYPOGRAPHIE J.-M. FREYDIER, PLACE DU BREUIL.

—

1879

INVENTAIRE

DES MEUBLES ET TITRES

DE

JEAN-HECTOR DE FAY

MARQUIS DE LA TOUR-MAUBOURG

MARÉCHAL DE FRANCE.

A publication d'un inventaire peut, au premier abord, paraître de bien peu d'importance; mais réfléchissez un instant, étudiez-le, et bientôt vous reconnaîtrez et serez convaincus que les documents de cette nature tiennent plus qu'ils ne promettaient. Ils racontent les mœurs d'une époque, en dénotent les habitudes, en dévoilent les destinées.

Connaître le détail des choses, des ameublements, à telle époque déterminée, ce n'est point une puérile curiosité : la condition des hommes, des familles s'y rattache parfois; et l'histoire de la société en reçoit, à certain moment, une vraie lumière.

La description, l'énumération de meubles, de tentures, d'accessoires... révèlent une foule de détails intimes chers aux historiens, aux amateurs, utiles à tous pour les idées précises qu'ils donnent sur l'existence d'autrefois. A cet égard, nul détail, quelque minime, quelque vulgaire qu'il puisse paraître isolément, ne doit être négligé.

Cette idée, mise en pratique, a meublé les musées de Cluny, de l'hôtel Carnavalet; naguère encore, maintes galeries de notre splendide Exposition universelle lui devaient d'attirer l'attention des visiteurs les plus intelligents, les plus érudits.

Les impressions qu'on éprouve en parcourant un inventaire quelconque des siècles passés, toujours instructif, sont bien plus vives, alors que ce document se rattache à quelque maison importante. La grande histoire, l'histoire générale, je me hâte de le reconnaître, a bien peu de choses à voir ici (les événements mentionnés n'ayant guère d'importance au delà de l'horizon du manoir, des terres qui l'environnent ou qui en dépendent); mais, pour quiconque voudrait continuer sur nos baronnies vellaves les monographies si douloureusement interrompues par la mort de M. Truchard Du Molin, cet inventaire serait non-seulement utile, mais nécessaire, même indispensable.

Ce n'est point la description du mobilier plus que modeste du château de Maubourg qui nous a engagé à mettre ce document sous les yeux de l'amateur d'histoire vellave, pour capter son attention... mais l'énumération, quoique trop succincte, des archives qui s'y trouvaient alors conservées.

Les barons de La Tour-Maubourg, quoique faisant de ce château leur résidence habituelle, paraissent s'être bien peu préoccupés d'y réunir des meubles confortables et artistiques.

Quand on sait quelle large part les cérémonies religieuses et tout ce qui les concernait occupaient dans la vie publique et privée de nos aïeux, au moyen-âge, on est surpris de trouver pour toute chapelle, au château de Maubourg, un autel séparé par deux battants de la salle du *commun;* pour tout mobilier et ornements, un christ, un calice avec sa patène, quelques chasubles, un reliquaire assez grand, en argent, estimé 74 livres, deux tableaux, un *Ecce homo,* une Vierge.

Dans les chambres assez nombreuses s'étalaient quelques tapisseries de Flandre et de Hongrie; de ces chambres, celle dite *de la comtesse,* seule était luxueuse.

Si les meubles sculptés, bahuts, étagères, faisaient défaut, les tableaux étaient à profusion : marines, sujets militaires, scènes pastorales et champêtres... Les portraits de souverains, de ministres, ceux de famille surtout abondaient dans toutes les pièces : entre Pons, Arthaud, Reynaud...., premiers auteurs des diverses branches de la maison de Fay, et le maréchal, ses trois épouses et ses filles, défilaient des commandeurs, grands baillis, chevaliers de Malte, des évêques, des prieurs, des religieuses..... au nombre de plus de soixante.

Mais la partie vraiment intéressante de cet inventaire, nous le répétons, est fournie par les archives. Elles étaient conservées dans une armoire de la bibliothèque, déjà pour la plupart classées en liasses, celle-ci de testaments, celle-là de mariages, l'une d'hommages, l'autre de reconnaissances.....

Cette classification antérieure nous a privés d'un bien grand nombre de détails, de dates, de noms du plus grand intérêt. Telles liasses mentionnées sous ce simple titre : *Contrats de mariage des seigneurs prédécesseurs du feu maréchal, dont la description est amplement faite dans l'inventaire trouvé dans l'armoire, du n° 74 jusqu'au n° 102..... ou titres honorifiques décrits et cotés dans l'inventaire ancien, du n° 155 au n° 184.....* nous auraient révélé bien des faits jusqu'ici pour la plupart ignorés, si les soixante titres passés sous silence avaient été seulement énumérés d'une façon succincte.

Malgré ces vides regrettables, nous croyons que l'historien local, à l'aide de ces notes, pourra compléter des lacunes dans diverses généalogies. Pour celle des premiers seigneurs de Maubourg, des Mallet, qui, le 27 mai 1527, accolèrent leur lion de sable à la fouine d'azur, par le mariage de Marguerite Mallet, fille unique et héritière de Jacques Mallet, baron de La Tour-Maubourg, seigneur de Chabrespine, avec Christophe de Fay, seigneur de Saint-Quentin et de l'Herm... il pourra, avec les dates et les prénoms de Joucerand (1302), Bertrand (1336), Jean (1450), Guiot (1480), Jacques (1520)..... fournis par notre inventaire et ceux de Dalmace, de Sylvius (1100), de Humbert (1160), de Pierre (1267), de Guigon (1309)..... déjà connus, compléter ses notes généalogiques sur cette famille essentiellement vellavienne, dont les aînés étaient seigneurs de La Tour-Sainte-Sigolène, de Maubourg, de la Brosse, du Besset, d'Yssingeaux..... tandis que les cadets psalmodiaient lentement sous les voûtes de la cathédrale Notre-Dame du Puy et dans les cloîtres de Saint-Pierre-Latour et de Chamalières.

A chaque page on trouvera sur bien d'autres familles du Velay des notes utiles : pour n'en citer que quelques-unes, nous avons relevé celles de Saussac, de Bayle, de Bronac, de Banne, de Lagrevol, de Colomb.....

Nous n'avons pas besoin de faire ressortir l'importance de ce document en ce qui concerne les Fay de La Tour-Maubourg : chaque ligne nous donne le nom d'un des membres de cette famille; nous fixe la date d'un baptême, d'un décès, d'un mariage, d'un testament; nous signale une alliance, une fondation... non-seulement sur la famille elle-même, mais aussi sur les anciens possesseurs des terres et seigneuries qui, par alliance, achat ou donation, vinrent accroître leurs domaines : La Bastie, Pouzol (1), Cublèzes, Lignon.....

La vie du principal personnage de cette maison, du maréchal de Maubourg, qui au point de vue militaire a été si bien étudiée par M. Truchard Du Molin, pourra, grâce à ce document, apparaître sous un nouveau jour. Les noms de ses ancêtres, frères, sœurs, épouses, filles, petite-fille..... appuyés de dates exactes, serviront à compléter, à modifier même les généalogies plus ou moins exactes dressées jusqu'ici.

Fils de Jacques de Fay, comte de La Tour-Maubourg, et de

---

(1) Tous les dix ans, pour le domaine de Pouzol situé dans les paroisses de Saint-Front et de Montusclat, le seigneur de Maubourg recevait comme hommage une *fleur de violette*.

Pour la seigneurie de Lignon, il recevait annuellement en hommage *un fer à cheval* qui, en 1769 (on devenait déjà plus positif), fut changé en *deux gelines*, par reconnaissance du fermier Descours. N'était-ce pas au même seigneur qu'un baronnet des environs envoyait, chaque printemps, toujours comme hommage, un œuf de la nuit, traîné sur un char de foin par deux bœufs vigoureux ?

demoiselle Eléonore-Palatine de Dio Montperroux (mariés le 8 mars 1671), Jean-Hector naquit en 1684. Il eut pour frères et sœurs : 1° Jean-Philibert, chevalier de Malte, grand-croix, grand maréchal de Malte, grand bailli ; 2° Joseph, abbé de Maubourg, chanoine de l'Eglise et comte de Lyon ; 3° Eléonore de Fay, veuve en 1713 du seigneur comte de Lagarde de Marsac ; 4° Elisabeth ; 5° Marguerite, mariée le 24 août 1715, devant Vallet, notaire, à très-haut et très-puissant Jacques de Senejols, chevalier, seigneur de Montbonnet, baron de Saint-Didier.

Jean-Hector épousa : 1° en 1709, Marianne-Thérèse de la Vieuville ; 2° en 1716, Marie-Susanne Bazin de Bezons ; 3° Agnès-Magdeleine Trudaine. De ces trois mariages il ne survint aucun héritier ; mais du second étaient issues deux filles :

1° Marie-Marguerite-Eléonore de Fay, l'aînée, qui épousa, le 25 septembre 1736, très-haut et très-puissant seigneur Charles-Louis-César de Fay, chevalier, seigneur comte de Gerlande et de la Motte, fils mineur de feu très-haut et très-puissant seigneur Just-François de Fay, chevalier, marquis de Gerlande, comte de Monchat, baron de Saussac, seigneur de la Motte-sur-Gallore et autres lieux, et de très-haute et très-puissante dame madame Marie de Murat de l'Estang, ses père et mère ; ledit seigneur comte de Gerlande héritier sous bénéfice d'inventaire dudit défunt seigneur, son père, demeurant au château de la Motte-sur-Gallore, paroisse de Saint-Agnès en Dauphiné. Les deux époux ne vécurent pas longtemps ensemble, car Eléonore de Fay mourait en 1737, laissant une fille unique, orpheline l'année suivante, (le marquis de Gerlande mourut en 1738), Marie-Agnès-Césariette de Fay de Gerlande, mariée en 1752 à Claude-Florimond de Fay de Coisse, seigneur de la Motte et autres places, capitaine commandant le régiment de Bezons-cavalerie, chevalier de l'ordre royal et militaire de Saint-Louis. Veuf l'année après son mariage, le 4 juillet 1753, Florimond de Fay épousa, le 3 mars 1756, Marie-Françoise de Belmont. Il eut néanmoins un legs dans le testament du maréchal ;

2° Antoinette-Eléonore de Fay, seconde fille du maréchal, épousa Antoine-Louis Duprat, marquis de Barbanson, comte

souverain de la Valteline, baron de Viteau, seigneur de Va-
rennes et autres lieux, lieutenant général des armées du roi,
inspecteur général de cavalerie et des dragons, gouverneur des
châteaux de Noyon, Cottey et Villers-Cotterets, commandant
pour Sa Majesté de la province de Soissonnais, d'où :

Augustin-Jean-Louis-Antoine Duprat, comte de Barbanson,
légataire universel, seul et unique héritier du maréchal (1).

Par la mort du maréchal, survenue le 15 mai 1764, s'éteignit
la maison primitive des Fay de Maubourg, remplacée dans la
baronnie de ce nom par les branches de Gerlande et de Coisse.
A son tour, cette nouvelle branche s'est éteinte le 24 novembre 1870, en la personne de Just de Fay de La Tour-Maubourg,
que nous avons vu tomber près la ferme de Magnanville, à Belle-
garde (Loiret), mortellement frappé par une balle prussienne.

Nous n'insisterons pas de nouveau sur le profit que peuvent
tirer de ce document les amateurs d'histoire locale. Nous avons
cru remplir notre devoir d'historien en livrant à l'impression
cet inventaire que la famille de Fay de La Tour-Maubourg, dont
les archives égarées, détruites par l'insouciance, par l'incendie,
auraient cependant bien besoin d'être complétées et reconsti-
tuées, n'a point voulu faire recopier, alors même que la proposi-
tion lui en avait été faite.

Mᵉ Faure-Favier, notaire à Monistrol l'Evêque, a bien voulu
nous communiquer l'original qui se trouve dans son étude, parmi
les nombreuses et précieuses minutes, toujours mises avec la plus
grande complaisance à la disposition de ceux qui étudient les

---

(1) N'était-ce point aussi une fille du maréchal, cette haute et puissante dame
Antoinette-Catherine de Fay-Maubourg, ci-devant religieuse professe de Crou-
pières, en Auvergne, ordre de Saint-Benoît, diocèse de Clermont, qui, sur la
nomination du roy, fut pourvue en cour de Rome, par le pape Clément XIV,
le 18 des kalendes d'octobre 1772, de l'abbaye royale de Beaurepaire, ordre de
Citeaux, diocèse de Vienne en Dauphiné, vacante par le décès de haute et puissante dame Catherine de Clermont, dernière abbesse titulaire de ladite abbaye,
et à laquelle, le 29 octobre, Mgr l'évêque du Puy conféra la bénédiction abba-
tiale, dans la chapelle de son château de Monistrol?

fastes anciens de notre cher Velay. Qu'il reçoive ici nos sin-
cères remercîments.

Une copie *in extenso* des 400 pages et plus qui composent ce
volumineux inventaire eut été fastidieuse, trop longue et sans
grande importance ; aussi nous sommes-nous contenté d'en
extraire les passages qui nous ont paru présenter le plus vif
intérêt.

Quoique peut-être un peu trop rigoureusement scindé, cet extrait
n'en est pas moins très-important et mérite, à notre humble avis,
une place dans les cartons d'un chercheur vellave. Nous sommes
heureux de l'avoir sauvé de l'oubli et peut-être d'une perte
totale.

Notre intention première était de publier, à la suite, une série
de pièces mentionnées pour la plupart dans cet inventaire et
dont les originaux, ou la copie, se trouvent dans nos cartons;
mais la crainte de fatiguer nos lecteurs et de franchir les limites
permises dans une revue nous a fait renoncer au projet de donner
même les plus importantes d'entre elles. Nous les tenons néanmoins à la disposition des personnes qu'elles pourraient intéresser (1).

                              A. CHARREYRE.

(1) Parmi ces pièces se trouvent :

Contrat de mariage de Marie-Marguerite-Eléonore de Fay de La Tour-Mau-
bourg, avec Charles-Louis-César de Fay, seigneur comte de Gerlande (1736). —
Procuration du maréchal, alors en Lorraine. — Procuration de la mère du futur,
Marie Murat de l'Estang..... (pièces originales).

Nomination à l'abbaye de Beaurepaire de dame Antoinette-Catherine de Fay
de Maubourg (1772, 3 nov.).

Sentence rendue en faveur du marquis de Maubourg contre les sieurs Jean-
Pierre et Charles Laroche, du lieu des Vastres et d'Yssingeaux, qui avaient
usurpé les armes et le nom de la maison de Fay....

INVENTAIRE

Des biens, effets, danrées, titres et papiers demeurés après le décès de TRÈS-HAUT ET TRÈS-PUISSANT SEIGNEUR, MONSIEUR JEAN-HECTOR DE FAY, MARQUIS DE LA TOUR-MAUBOURG, *maréchal de France, chevallier des ordres du Roy, gouverneur des ville et château de Saint-Malo, dans son château de Maubourg, dépendances d'icellui et autres biens à lui appartenant dans le païs de Velay et Vivarès, commencé cejourd'hui 14 aoust 1764, heure de sept du matin, par nous Jean Moret, notaire royal gradué, commissaire à cet effet nommé.*

A la requête de monsieur Paul-François Le Blanc, écuyer, prévost de la connétablie et maréchaussée de France, au nom et comme exécuteur testamentaire des testaments, codicilles et ordonnances de dernière volonté dudit feu seigneur maréchal de Maubourg, faites ollographes à Paris, sçavoir ledit testament le 20 may 1755 et les codicilles, au nombre de trois, ensuite l'un de l'autre, le 13 avril 1756, 15 avril 1758, le 23 février 1759, le tout déposé chez Mᵉ Vanin, notaire à Paris, suivant le procès-verbal d'ouverture d'iceux faite en l'hôtel de M. le lieutenant civil du Châtelet de Paris, le 22 may dernier, controllé à Paris le 23 dudit mois. Ledit M. Le Blanc icy représenté par noble Antoine Lemore, écuyer, lieutenant de ladite connétablie et maréchaussée de France, avocat en Parlement, habitant de la ville de Monistrol, pour et comme fondé de sa procuration spéciale à l'effet des présentes, passée devant Mᵉ Vanin et son confrère.....

..... Comme aussi à la requête de Mᵉ Henri d'Ardenne, avocat au Parlement de Paris, au nom et comme tuteur *ad hoc* de
messire Augustin-Jean-Louis-Antoine Duprat de Barbanson, fils
mineur d'hault et puissant seigneur Antoine-Louis Duprat, marquis de Barbanson, lieutenant-général des armées du roy, inspecteur général de la cavalerie et des dragons, et de feue haute et
puissante dame Antoinette-Eléonore de Fay de La Tour-Maubourg, son épouse, ledit sieur d'Ardenne nommé et élu à ladite
charge à l'effet de l'inventaire fait à Paris, et qui doit être con-
tinué dans les châteaux de Guengnon, en Charolais, et dans le
château de Maubourg, païs de Vellay, par sentence homologa-
tive de l'avis des seigneurs, parens et amis dudit seigneur
mineur rendue au Châtelet de Paris le 29 mai dernier..... ledit
seigneur de Barbanson légataire universel, seul et unique héritier universel dudit feu marquis de La Tour-Maubourg, son ayeul,
suivant son testament susdatté et énoncé..... ledit Mᵉ d'Ardenne ici représenté par Mᵉ Claude Damette, avocat en Parlement, demeurant au bourg de Beauzac.....

..... Et en la présence de sieur François Brignon, ancien
maître d'hôtel dudit feu maréchal de Maubourg, au nom et
comme tuteur et curateur à la substitution dont est grevé le legs
fait par ledit testament dudit seigneur maréchal en faveur de
haut et puissant seigneur Claude-Florimond de Fay, seigneur de
la Motte et autres places, ancien capitaine commandant le régiment de Bezons-cavalerie, chevalier de l'ordre royal et militaire
de Saint-Louis, veuf d'haute et puissante dame Cezariette-Agnès
de Fay de Gerlande, petite-fille dudit seigneur maréchal, des
terres à luy appartenantes situées en Vellay et Vivarès, ensemble
des meubles qui se trouveraient au jour du décès dudit seigneur,
dans le château de Maubourg, suivant qu'il est porté audit testament..... ledit sieur Brignon ici représenté par Mᵉ Blaise
Courtial, notaire royal du bourg de Saint-Maurice-de-Lignon.....

A la conservation des droits et intérêt des parties cy-dénom-
mées, il va être par nous notaire royal gradué, en la présence
de nos témoins soussignés, procédé à l'inventaire et description
des meubles meublants, ustencils du château de Maubourg, basse-

cours, bestiaux, semences, ustencils de labourage, équipages, harnois et de tous autres effets mobiliers, titres, papiers et renseignements dépendant de la succession dudit maréchal.....
lesdits effets seront représentés par Jacques Chambert, concierge dudit château, et par Claire Bardon, gouvernante d'icelluy, et encore par Jean-Claude Liogier-Lassaigne, notaire royal, habitant au bourg de Saint-Maurice, commis à la garde tant des scellés apposés audit château d'authorité de Messieurs du sénéchal du Puy, que des meubles, danrées dont la sommaire description fut faite.....

..... Et seront les meubles meublants et autres effets sujets à prisée et estimation... prisés et estimés par sieur Antoine Hostin, marchand fripier de la ville de Saint-Etienne, et par Jean-Jacques Bérard, maître tapissier de la ville du Puy, que nous avons à cet effet commis... et desquels avons reçu et pris le serment, la main mise sur les saints Evangiles..... Et, ce fait, avons commencé notredit inventaire au château de Maubourg.

Nous sommes à cet effet entrés dans l'arrière-cuisine dudit château, en entrant à main droite..... on y estima des cuviers à blanchir le linge, chaudières, lèchefrites, sceau, bachat, tables, bancs .... puis à la cuisine attenante on trouva chenets, tourne-broche, broches, tables, dressoir, marmites, bassins, grilles....
à l'office attenant à la salle à manger étaient assiettes, sucriers, chandeliers en argent, girandoles : dans une armoire, couteaux à manches en ébène, à manche en fayence, sucrier, boîtes à thé, bouteilles de vin muscat, Alicante, Lunel, un moule à glace en fer blanc, un autre à faire les fromages glacés (1).

L'inventaire de la cave donne onze tonneaux de diverses grandeurs remplis de vin rouge de Rivage pouvant y avoir environ dix-neuf charges ; dans le nombre, il y en a un de vin blanc de Malfau contenant une charge ou environ cent bouteilles, estimé à raison de 20 livres la charge de vin de Rivage, et le vin blanc

_____

(1) Nous ne donnons point le détail ni la valeur de ces différents objets.

la somme de 53 livres, en tout 555 livres; plus dix bouteilles d'autre vin blanc de Malfau, quinze bouteilles de vin vieux rouge de Beaujolais, vingt-quatre bouteilles vin blanc qu'on a dit être de Malaga.

Dans la chapelle fermant à deux battants et donnant dans la salle du commun, s'est trouvé un tableau représentant un *Ecce homo* à la flagellation, avec son cadre à baguettes dorées, attaché par un clou sur une étoffe en soie bleu de ciel, en forme de tapisserie bordée d'un drap fond rouge brodé à fleurs noires, estimé le tout 15 livres.

Sur ledit autel un crucifix argent aché, estimé 15 livres.

A côté d'iceluy, un reliquaire assez grand, avec son pied détal *(sic)*, le tout en argent, dans lequel il nous a paru y avoir différentes reliques par les étiquettes qui y sont et notamment celles de saint Roch, pesant un marc et demy, à raison de 52 livres le marc, estimé la somme de 74 livres.

Dans le coffre servant d'autel s'est trouvé un calice avec sa patène, le tout argent, la coupe dorée en dedans, du poids d'un marc et demy, estimé 62 livres.

Plus s'est trouvé dans ledit coffre deux chasubles : l'une étoffe de soie fond fleurs à plusieurs couleurs, avec son étolle, manipule... le voile du calice satin blanc avec une fleur dans le milieu..... l'autre d'une étoffe d'un tissu en or et argent, garni d'un gallon or et argent à dentelles avec son étolle et manipule, bourse aussi de même... quatre purificatoires, deux corporaux, toile de Cambray, dont l'un garni d'une dentelle, façon de Flandre... tous deux marqués d'une croix brodée en bleu, estimé le tout 90 livres.

Deux aubes, deux nappes d'autel, un missel couvert de bazane rouge, avec un *te igitur* complet, deux chandeliers servant audit autel, argent aché, sur le pied de chacun desquels sont les armes du défunt seigneur, estimés les chandeliers 8 livres.

Au dessus et à côté dudit autel et autour de ladite salle s'est trouvé cinq tableaux : l'un représentant une Vierge, l'Enfant-Jésus, saint Jean, entouré d'une petite baguette dorée, estimé 10 livres, et les quatre autres représentant des anciens prieurs, bally de l'ordre de Malthe, nommés Pons, Arthaud, Reynaud et Louis de Fay, de la branche des Fay-Gerlande, comme portraits de famille non estimés.

Plus six tableaux représentant des marines et quatre plans de l'isle de Malthe, aux armes de la maison dudit seigneur, et un plan en grand du siége de l'isle de Candy, aussi marqué aux armes de ladite maison, le tout estimé 78 livres.

Plus, dans la salle, dix-sept chèzes pliantes qui servaient au feu seigneur à l'armée, garnies d'une panne verte et usées, estimées 34 livres.

Dans un coin de la salle, une fontaine en cuivre rouge, un baromètre, un thermomètre, quatre tabourets, six coussins garnis de tapisserie d'Ongrie...

Dans le sallon à manger joignant la salle précédente, sont six portraits de famille : l'un représentant l'aïeul dudit seigneur ; l'autre son père; le troisième sa mère; le quatrième son oncle, chevalier de Malthe; le cinquième son oncle maternel, et le sixième le portrait dudit seigneur, tous avec leurs cadres ovales ou carrés, dorés, et comme portraits de famille non estimés.

De plus s'est trouvé quatre portraits : l'un représentant Henri II; l'autre, Henri IV; le troisième Louis XIII, et le quatrième la reine, femme dudit Louis XIII, le premier avec son cadre doré, et les trois autres avec des baguettes dorées, 24 livres.

Sur la cheminée est un autre portrait d'un ancien commandeur de l'ordre de Malthe, aussi parent de ladite maison, pour ce non estimé.

Plus seize chèzes garnies de moquette, un buffet, une table à jeu, deux guéridons; une porte de cette pièce donnait sur le parterre du château.

Dans un antichambre, à cotté, étaient fauteuils anciens, chèzes, table à jeu, glace et au dessus le portrait de feu M. le grand bally de Maubourg, frère audit défunt maréchal, avec un cadre bois à fleurs, doré.

Au dessus de la porte communiquant avec l'appartement appelé celui de madame la comtesse de Fay, est un portrait de famille paraissant à fix,

Sur le dessus de l'autre porte d'entrée est un camayeux représentant un petit combat de cavalerie, qui a paru à fix.

Dans une armoire en bois de chêne à deux portes, s'est trouvé un cabaret à caffé sur lequel il y avait onze tasses avec leurs soucoupes en terre de Saint-Cloud, avec un sucrier de même, le cabaret en bois peint en façon d'ébène et à fleurs dorées, à la façon de la Chine, estimé 12 livres.

La chambre attenante, dite de la comtesse, était luxueuse ; un lit à la duchesse, satin citron, les pentes, bonnes graces, soubasements brodés au petit point et en laine et soye, fut estimé 550 livres : cinq petits fauteuils damas cramoisy à cartouche, chaizes, fauteuil ancien, commode garnie en fer bronzé, glace à cadre doré, tableau près du lit représentant une Vierge et l'Enfant-Jésus, un autre représentant la Musique, au dessus de la cheminée; sur un troisième, une bergère avec sa houlette donne à manger à ses moutons. Au dessus des portes, deux camayeux, l'un représentant un détachement de cavalerie, l'autre un combat d'hussards avec de l'infanterie embusquée.

Dans la tour contigue était le cabinet de toilette, avec ses accessoires, miroirs, cuvettes, boîte à poudre...

Dans la salle d'assemblée sont un canapé à tapisserie à personnages, avec douze fauteuils, un écran, des tables en marbre, une cheminée en marbre de Gènes, bien sculptée, la tablette de dessus d'une seule pièce, des glaces nombreuses, des girandoles dorées...

Au dessus du miroir de la cheminée est le portrait d'une dame parente dudit seigneur, avec son cadre ovalle doré.

Du côté gauche de la cheminée, en entrant dans ledit sallon, est le portrait du seigneur comte de Maubourg, comte de Lyon, avec son cadre doré et bien sculpté, et trois autres portraits des trois dames épouses dudit feu maréchal et successivement le portrait de feu le maréchal de Noailles et après celui de M. Blanc, ministre de la guerre, et sur chacune des portes dudit sallon d'assemblée sont aussi les portraits, l'un d'une parente dudit seigneur, et l'autre celui d'une des filles dudit feu seigneur qui avait été.... le comte de Fay-Gerlande, et, à l'autre côté de ladite cheminée, est le portrait d'un commandeur de Malthe, oncle dudit feu seigneur, et au dessus d'icelui le portrait de madame la duchesse de Vieuville, mère à la première femme dudit seigneur, tous lesdits portraits avec cadres dorés.

Et aux deux côtés du trumeau qui est sur le milieu de ladite salle, sont les portraits du roy Louis XV et du dauphin, son fils, les deux portraits avec leurs cadres dorés, estimés la somme de 30 livres.

Au fond de la cheminée, une bretagne en fonte aux armes dudit seigneur.

La chambre du maréchal attenante au salon d'assemblée était tapissée de même étoffe indienne que celle de madame : le lit à quatre quenouilles était garni en damas cramoisy, de même les rideaux, les pentes, les sous-pentes, est estimé 260 livres ; trois fauteuils tapisserie, cinq chaizes moquette rouge, table, miroirs, cheminée... Dans le boisement de la cheminée est le portrait de Mgr Jean de Fay, évêque de Poitiers ; aux deux côtés de la cheminée sont quatre portraits dont deux représentent des dames de la maison et deux des enfants, qui badinent avec des animaux. Sur la bretagne de fonte de la cheminée, un armorial à trois fleurs de lis. Derrière la porte d'entrée dudit apparte-ment se sont trouvés deux portraits anciens, l'un en bois et l'autre en cuivre, représentant, l'un, un autheur de ladite maison, et l'autre une femme.

Attenante à cette pièce, dans la tour était la salle de bains contenant des chèzes, tables, baignoire en cuivre plombée.

Autour de ce cabinet étaient cinq portraits de dames ou demoiselles, sœurs du maréchal, avec leurs cadres dorés, plus trois autres portraits d'anciennes dames de la maison.

Plus le portrait du roi Louis XIV, avec son cadre doré, scul-pté, estimé 36 livres.

Plus le portrait du duc de Vieuville, peint avec l'habit de cérémonie à la réception des chevaliers des ordres du Roy, beau-père du feu seigneur.

La salle de billard, couverte de tapisseries à grand vase de fleurs, contenait douze chaises ou fauteuils anciens, le billard et six billes, deux tables; dans des cadres dorés étaient six gravures en taille douce, par Giraudran, représentant les batailles d'Alexandre-le-Grand. Le devant de la cheminée garni d'un grand tableau représentant un trait d'histoire. Aux deux côtés de la cheminée, deux portraits de M. le duc de Monmorancy et de madame la duchesse sa femme. Au dessus desdits portraits sont deux cameys de jeux d'enfants. Sur les trois portes de la salle sont à chacune un camayeu encadré dans le boisage et représentant des jeux d'enfants.

Dans un appartement à droite de la salle de billard, se trouve une tapisserie de Flandre à personnages, de cinq pièces, lit, fauteuils, chaises, tables, commode, cheminée avec plaque en fonte, aux armes du maréchal; sur la cheminée s'est trouvé un portrait d'une dame parente, avec son cadre ovalle doré. Sur chacune des portes, un tableau dans le boisement : l'un représentant un trait d'histoire, l'autre des paysans allant au marché.

Dans le cabinet de la tour attenant à la chambre, était une vielle tapisserie à paysages, lit...

De l'autre côté de la salle de billard, une autre pièce avec tapisserie de Flandre à personnages, lit et garniture en damas vert, fauteuils, chaizes : dans le boisage du devant de la cheminée est le portrait de l'archevêque de Rouen, parent dudit seigneur. A côté de la cheminée le portrait du roy Louis XIV, en taille douce, avec cadre doré. Du même côté, le portrait d'une dame, et derrière la porte le portrait d'une autre dame; à côté de l'autre porte, le portrait d'un jeune chevallier de Malthe, parent de la famille du défunt.

Dans l'appartement dit de M. de Maubourg, comte de Lyon, tapisserie ancienne à fond bleu, avec oiseaux et autres animaux, lit en drap gris brodé à bouquets, fauteuils..... au dessus des portes trois tableaux camayeux.

Le vestibule avec tapisserie à personnages était orné de quatre plans de Malthe, avec leurs cadres dorés, aux armes des seigneurs de Fay, d'un ancien plan de la ville et fortifications de Malthe, pareillement aux armes desdits seigneurs : sur chacune des portes un portrait d'ancien chevalier de Malthe.

Un autre appartement à tapisserie à paysages et verdure, avec lit en taffetas satin, fleurs rouges et vertes, lit de repos, fauteuils... avait au dessus des portes des camayeux représentant des traits d'histoire et un détachement de cavalerie ; sur le devant de la cheminée, le portrait du maréchal de Bezons, beau-père dudit défunt, avec cadre doré.

Une tapisserie à personnages, représentant l'histoire de la chaste Suzanne en quatre pièces, ornait une autre chambre dont le lit était garni de satin, à flammes de couleurs différentes... Dans le boisage, devant la cheminée, était le portrait d'une dame parente, avec cadre doré.

Plusieurs autres chambres sont ensuite inventoriées et trouvées pourvues d'un mobilier semblable à celui des précédentes. Dans l'une d'elles se trouve le portrait de la duchesse de Vieuville, belle-mère du seigneur.

Au second étage du château se trouve une chapelle délaissée alors pour celle du rez-de-chaussée ; le tableau de l'autel est un Christ avec la Sainte-Vierge et sainte Madeleine et, à côté de l'autel, saint Sébastien et saint Roch, enchâssés dans le boisage. Dans ladite chapelle, six prie-dieu, bois noyer, avec coussins : une commode dans les tiroirs de laquelle se trouvaient ornements noirs, chazuble, manipule, drap de morts, pierre sacrée : dans la sacristie, sur le mur, un grand crucifix, en taille douce, à côté duquel un *Ecce homo* et le portrait de la Sainte-Vierge sur bois, avec cadres peints à fleurs dorées.

Plusieurs chambres moins confortables que celles du premier étaient à cet étage ; à côté de la sacristie s'en trouvait une, dite des Capucins. Dans une autre, deux vieux portraits, l'un sans cadre et l'autre avec un cadre en bois noir : le premier représentait une femme et le second un homme, très-antiquement habillés, qu'on dit être des portraits de la maison.

Dans une autre chambre, un portrait d'un jeune chevallier de Malthe, habillé à l'antique, que le comte de Fay-Maubourg fit réclamer. Sur les quatre portes d'une autre chambre, des tableaux représentant : 1° un crucifix ; 2° l'image de la Sainte-Vierge avec son enfant ; 3° un trait d'histoire ; 4° un ancien portrait.

Au milieu de choses sans valeur, dans un garde meuble, furent trouvées des couvertures de mulets, drap jaune, aux armes du défunt maréchal, quarante-huit fusils de munitions et un autre mauvais fusil, une cuirasse en fer avec la culotte aussi en fer, les bretelles et autres assortiments, des pièces ou des débris de tapisseries ou d'étoffes.

Au rez-de-chaussée, dans un vestibule, vis-à-vis le grand escalier, dans plusieurs placards, se trouvait la lingerie : draps de maîtres, 44 ; de domestiques, 78 ; nappes, 39 ; serviettes, 16 douzaines ; torchons, tabliers, tayes d'oreillers.....

Au grenier, on fit aussi l'inventaire, et on trouva :

Douze métans de reprins seigle et froment de l'année précédente, estimés 20 livres ;

Cinquante-sept setiers bled seigle, mesure de Maubourg, à 40 sols le métan, 880 livres ;

Vingt métans d'avoine (suivant le prix courant de la grenette), 30 livres ;

Soixante-dix quintaux de foin (à raison de 20 sols le quintal), 70 livres.

L'inventaire fut fait ensuite dans la boulangerie, l'écurie, menuiserie, les chambres des domestiques, palefrenier, cochers, et dans celle du sieur Lemore, procureur fondé de M. Le Blanc ; outre le lit, fauteuils, table, se trouvait le portrait d'un chevalier de l'ordre royal de Saint-Louis, qu'on dit être celui de M. Julien, ancien commandant à Tournon ; sur la porte du cabinet, un vieux tableau de sainte Madeleine pénitente, dans un vieux cadre.

Vint ensuite la chambre des filles domestiques et celle de l'horloge, où se trouvait l'horloge du château, ses poids, ses cordes et sa cloche, du poids de 105 livres, servant de timbre. Au dessous, une remise avec quelques roues de voiture, trois chariots et un cabriolet garni de maroquin rouge, à quatre roues, peint en vert, estimé 60 livres.

Dans un cabinet, au coin des charmilles du jardin, on trouva plusieurs plans, parmis lesquels..... celui du siége de Coron, capitale de la Morée, peint sur toile ; celuy de la description des isles de Malthe ; celuy de la ville et principale fortification de

Malthe; celuy du combat et prise du grand vaisseau turc où était la grande sultane, par les galères de Malthe ; celuy de la bataille navale donnée aux bouches de Constantinople et gagnée contre les Turcs par l'armée vénitienne et les galères de Malthe; celuy de la disposition des armées chrétiennes et othomanes pour le combat naval donné le 26 juin 1656, ces six derniers peints sur toile et aux armes de la maison dudit feu seigneur maréchal, à l'exception du premier plan de Coron où il est seulement fait mention du général de La Tour-Maubourg et qu'il y fut tué à reprise d'une redoute sur les Turcs, le 24 juillet 1685.

Le plan de..... celui de la ville capitale de Malthe, celuy des isles de Malthe et du Goze,..... lesdits plans en taille douce.

Cinq petites estampes en taille douce, représentant la naissance d'Adonis et ses suites. Dans un coffre, un optique, avec quarante-huit estampes dans un carton.

On fut à l'orangerie, où se trouvèrent trente-deux caisses garnies d'orangers, deux de laurier rose, deux de jassemins d'Espagne, une de grenadier, six autres orangers dans de grands vases vernissés...

Puis on fit l'inventaire de la maison du jardinier Bada, dans la maison du domaine contigu, occupée par Oudin.....

L'inventaire du château étant complètement fini, sauf le dépouillement des archives qui fut réservé pour la fin, on se rendit le 27 aoust, à sept heures du matin, dans le bourg de Saint-Maurice-de-Lignon et dans la maison du domaine qui dépend de la succession habitée par le grangier Vial. Rien de digne de remarque ne fut trouvé dans la maison ou les dépendances.

A Cublèzes, on procéda à un inventaire analogue dans la maison, la grange et l'écurie dont Vital Jourda était fermier.

Le domaine des Fayes, paroisse de Monistrol, reçut même visite.

On se transporta dans la paroisse de Grazac, près du bourg, au domaine de Verchères, où se trouvaient grange, écurie et château. Outre la porte en vieux chêne, il y avait au château une porte en fer grillée fermant à cadenas.

Dans la même paroisse, les domaines du Mas et de Leiversel n'offrirent rien à noter aux experts.

Au lieu de Reynaud, paroisse de Chamclause, un incendie arrivé treize ans auparavant avait détruit tout ce qu'on aurait pu inventorier.

A une lieue de Reynaud, dans la paroisse de Saint-Front, le domaine du Cerisier fut inventorié. Le total de l'inventaire fut estimé 5 livres.

Dans le diocèze de Viviers, paroisse de Choderolles, était le château de La Bastie, où habitait Charbounouze, fermier du domaine. Les trois étages furent visités sans qu'on pût y inventorier rien de quelque valeur. Dans la chapelle (attenante aux chambres) qui est dans la tour, étaient un vieux tapis, une pierre sacrée, deux coussins en tapisserie, deux petits chandeliers, un pulpitre, trois vieux tableaux déchirés, deux vielles chazubles; une petite clochette était attachée aux murs du château.

Les domaines de la Malle et de Chazeloux, tenus par le même fermier, furent inventoriés; il y avait quelques greniers sans valeur.

Dans la paroisse de Montusclat, diocèze du Puy, on examina dans le domaine et château de Pouzol, la cuisine, la chambre voûtée; l'estimation totale s'éleva à une cinquantaine de livres.

Le 1er septembre, on fut visiter le domaine de la Collange et les moulins du Barral; le château était inhabitable, presque démoli et ne renfermait aucun meuble; quant aux meules du Barral, trois étaient cassées et la quatrième très-usée.

De retour au château de Maubourg, on procéda à l'inventaire d'une armoire située dans la chambre du maréchal, dont il emportait toujours la clef à son départ. Un serurier fut appellé et on y trouva une tabatière, six volumes, un thermomètre, un écritoire, une bourse cramoisy dans laquelle vingt-huit jetons en argent aux armes de la province de Languedoc, un cabaret à six tasses, de petites cassettes, une desquelles contenait de la pharmacie, des baumes, onguents, fioles d'élixir et autres.....

La porte de la bibliothèque située à l'extrémité du colidor fut ouverte : il y avait deux tables, deux fauteuils anciens, quatre chaizes couvertes en vielle moquette, une chaize de paille, dix-huit portraits de famille attachés sur le mur des deux côtés de la bibliothèque, les uns sans cadres, les autres avec des cadres de bois; deux pupitres, un en chêne, l'autre en cerisier, une cheminée à plaque de fonte, aux armes du maréchal; des rideaux blancs étaient aux fenêtres.

Les archives et les livres étaient dans des armoires autour de la pièce, disposés sur vingt-quatre rayons; quelques brochures non inventoriées étaient çà et là sur des rayons, dans une armoire grillée comme les autres.

Parmi les ouvrages, au nombre d'environ 550, étaient des livres religieux en grand nombre, quelques missels gothiques, un livre de la dédicace de l'Eglise, avec les armes d'un évêque de Fay, plusieurs volumes concernant l'histoire des Chevaliers de Malthe.

On remarquait, parmi ceux qui peuvent intéresser l'histoire locale et qui étonnent par leur faible estimation, les suivants :

Nouvelle Histoire de Languedoc, 5 vol. in-f°, estimée 40 livres.

Ancien mémoire de l'Histoire de Languedoc, 1 vol. in-f°, estimé 1 livre 10 sols.

Dictionnaire de Moreri, 9 vol. in-f°, estimé 54 livres.

Histoire généalogique de la Maison d'Auvergne, 1 vol., estimée 1 livre.

Mazures de l'abbaye royale de l'Isle-Barbe, 1 vol. in-4°, estimées 15 sols.

Le Bouclier de l'Europe, ou la Guerre sainte, par Chopin, 1 vol. in-4°, estimé 1 livre 10 sols.

Histoire de Notre-Dame du Puy, 1 vol. in-12, estimée 10 sols.

Histoire de Notre-Dame du Puy, 1 vol. in-12, brochure, estimée 5 sols.

Questions sur l'incrédulité, in-16, estimées 15 sols.

Dans d'autres armoires et cartons se trouvaient en grand nombre des cartes gravées ou à la main, militaires ou autres, des plans de villes, de batailles.....

Finallement, s'est trouvé dans une armoire le bâton de maréchal de France du défunt seigneur, en velours bleu parsemé de fleurs de lis d'or brodées sans nombre, avec une virole à chaque bout, aussy en or, dans son étuy en maroquin rouge, aussi parsemé de fleurs de lys dorées. Il fut réclamé par M. le comte de Barbanson, petit-fils et héritier universel, comme pièce honorifique.

Plus on a trouvé au même rayon la paire de souliers dudit défunt maréchal, faits à talons rouges, dont les empeignes sont d'une étoffe cannelée en argent, et le bout où la pointe de ladite empeigne en velours noir, qu'on a dit être ceux qu'il portait les jours des cérémonies des commandeurs des ordres du roy; elle fut réclamée, comme le bâton.

ARCHIVES

Dans une armoire de la bibliothèque fermant à deux portes, se sont trouvés les papiers cy-après... sçavoir :

Deux liasses ensemble, l'une des pièces de l'instance que ledit feu seigneur avait été obligé d'intenter contre les amphithéotes de sa terre de La Tour Sainte-Sigolène, en reconnaissance et condemnation du droit de taillabilité, à raison du mariage de mademoiselle de Maubourg, sa fille aynée, avec M. le comte de Gerlande, de sa promotion à l'ordre de chevalier aux ordres du roy, et du mariage de mademoiselle de Fay-Maubourg, son autre fille, avec le marquis de Barbanson, au sénéchal du Puy, où il obtint sentence qui les condanne au payement desdits droits et iceux reconnaître, et l'autre liasse des pièces de l'instance en appel au Parlement de Toulouse, de la part desdits amphithéotes, où il est intervenu arrêt confirmatif de la sentence du sénéchal; le tout cotté n° 1.

.... Lièvre terrière des cens et rentes de la terre de La Bastie, en trois petits cayers commençant le 14 octobre 1738, cotté n° 3.

Expédition de la transaction passée entre ledit défunt seigneur et la dame de Soubeyran de Serre, femme à noble Claude-Joseph de Banne, écuyer, seigneur de Montregard, le 4 septembre 1749, devant Me Demeure, notaire, en exécution de la sentence rendue au sénéchal du Puy, le 29 avril 1741, à raison de ce que le seigneur de Montregard restait devoir de la rente des Pinatelles, plus la procuration dudit seigneur de Montregard à sa dame. — 6.

Liasse de quittances de rentes dues par le défunt seigneur au prieuré du Fraisse-le-Monastier, données au sieur Reboulh, fermier de Maubourg, par les fermiers du Fraisse (de 1724 à 1735). — 11.

Quittance de M. Chave, curé de Chauderolles, du 23 octobre 1756, par laquelle il déclare avoir été payé jusqu'au jour présent des fondations faites à l'église de Chauderolles par les seigneurs de La Bastie. — 12.

Beaux à ferme des domaines de : Lignon, au prix annuel de 3,580 livres ; Chabrespine (Verchères), au prix de 2,700 livres ; La Tour Sainte-Sigolène, au prix de 2,550 livres ; Dunières (pour la portion dudit seigneur), au prix de 2,800 livres ; La Bastie, au prix de 950 livres ; La Malle et Chazeloux, au prix de 1,200 livres ; Reynaud, au prix de 800 livres ; Cerisier, au prix de 400 livres ; château, rentes et domaine de Pouzol, au prix de 900 livres ; La Collange et moulin de Barral, au prix de 800 livres ; Les Fayes, au prix de 130 livres ; domaine de Maubourg, au prix de 220 livres, et redevances en bled, seigle, beurre (1756), — cotté 14.

Expédition d'une délibération des habitants du bourg et paroisse de Sainte-Sigolène, du 30 juillet 1690, reçue Sabot, au sujet de la portion congrue des curés et vicaires. — Délibération prise par les mêmes, en confirmation de la précédente. — Expédition d'un contrat d'engagement et anticrèze passé par noble François Le Blanc, écuyer, seigneur de Chantemule, en faveur des dames religieuses de Monistrol, du domaine sis au terroir de Pouzol, du 2 août 1664. — Traité entre M. Antoine Lemore, fondé de procuration du défunt maréchal et de M. le marquis d'Espinchal et M. Louis de Fontanilles, pour le renouvellement du terrier de la baronnie de Dunières (13 juin 1740). — Lettre écrite par la dame de Combeaux, veuve de M. de La Planche, à M. Lemore (23 décembre 1748), par laquelle elle promet de remettre la procuration que ses enfants lui avaient passée à l'occasion du procès qu'elle avait eu avec ledit seigneur maréchal. — Requêtes présentées à messieurs les commissaires généraux de la province de Languedoc par les consuls de la paroisse de Sainte-Sigolène, pour obtenir l'établissement d'un second vicaire en ladite paroisse, en payant par eux la portion congrue. — Ordonnance qui permet ledit établissement, et l'imposition de la congrue sur lesdits habitants (17 septembre 1742). — Ordonnance de fixation des vingtièmes des revenus des bien nobles dudit seigneur maréchal, rendue par messieurs les commissaires généraux de la province de Languedoc (5 juin 1762). — 15.

Lettres missives écrites à M. Lemore, à l'occasion du procès de concours en directe entre M. le chevalier de Lamée, prieur de Confolent, le chapitre de la collégiale de Monistrol et le seigneur maréchal, comme seigneur de Lignon, à l'occasion d'un droit de directe. — 16.

Original d'une sentence rendue au sénéchal du Puy (1er juin 1715), entre M. le marquis d'Espinchal et la dame d'Obroque, comme seigneurs de la baronnie de Dunières, contre les dames religieuses Augustines de la ville de Saint-Didier, qui les condamne à donner auxdits seigneurs, l'homme vivant, mourant et confiscant, à raison du domaine par elles possédé dans le territoire de ladite baronnie. — Quittance donnée par ledit seigneur aux dames religieuses de Saint-Didier (21 mai 1694), par laquelle M. François Neyron, leur directeur et confesseur, promet et s'oblige, tant en son nom qu'en celui des dames, de payer audit seigneur, pour droit d'indemnité, même droit de lods tous les trente ans. — Cinq lettres missives écrites par la dame supérieure desdites religieuses, appellée la dame d'Allantin, audit sieur Lemore, par laquelle elle promet payer ledit droit (1753-1755-6. — 17.

Quittances de censives dues par le maréchal à la seigneurie du Fraisse-le-Monastier (1736-41). — 18.

Sentence du sénéchal du Puy qui condamne les habitants de Sainte-Sigolène au droit de dixme charnel et offerendel, rendue en faveur de messire Hector de Fay, seigneur de La Tour-Maubourg (5 février 1618). — 19.

Extrait d'un hommage fait et rendu le 1er avril 1479 par le seigneur de la Roue, seigneur de la terre de Dunières, au roy, en la personne de son juge-mage, au sénéchal de Nismes, de sa terre, mandement et juridiction. — 23.

Reconnaissances en faveur de noble Christophe de Fay, seigneur de La Tour, devant Me Fargeon (en 1535). — 24.

Convention faite le 29 octobre 1734, entre feu le maréchal et messire Flour Langlade, curé de Saint-Maurice, par laquelle ledit maréchal consent que ledit curé jouisse des fruits et revenus de ses chapelles, à la charge de lui donner ou faire donner la messe dans son château de Maubourg, toutes les fêtes et dimanches. — Un état en papier blanc de ceux qui doivent une rente au vicaire de la chapelle de Saint-Laurent de La Tour. — 26.

Deux lettres missives écrites par le Père procureur des Chartreux de Brive près du Puy, lors du procès intenté contre messire de la Servette, en démolition de son écluse sur la Loire, à la requête tant desdits Pères Chartreux que dudit feu seigneur maréchal et le seigneur de Beauzac (1742-43). — 27.

Promesse de faire la foy et hommage consentie le 28 juillet 1757, par messire Claude Dancette, à M. le maréchal, comme seigneur de Lignon, à raison des fiefs acquis de messire de la Vessière, seigneur de Villeneuve, comme relevant de la terre de Lignon. — 28.

Quittance donnée au sieur Reboulh, fermier, de la fondation des Carmes du Puy, d'un setier bled seigle dû par ledit seigneur, (des années 1739-40). — 32.

Compte de ce que feu M. le comte de Maubourg devait à madame la marquise de Soyans de Montauban, avec trois lettres du seigneur de Montauban. — Deux quittances du marquis de Gerlande, de 1,900 et de 550 livres (1er septembre 1728). — 37.

Transaction passée le 25 juillet 1716, par laquelle le maréchal reconnaissant devoir seize mille livres au comte de Coisse, lui laisse en jouissance pour ses intérêts les domaines de Raynaud et de Chanclause. — 38.

Donation consentie entre vifs par demoiselle Françoise de Fay de Paulin à dame Marie de Rochebonne, épouse de Louis du Fornel, sieur du Roure, de tous et uns chacuns ses biens (26 avril 1715). — Promesse de main privée de 25,000 livres par ladite demoiselle Françoise de Fay de Paulin (2 septembre 1713), en faveur dudit défunt maréchal. — Expédition du testament de demoiselle Françoise de Fay de Paulin en faveur du maréchal de Maubourg, signé Gardes, notaire à Lyon (21 décembre 1719). — Mémoire à consulter sur la révocation de la donation faite par la demoiselle de Paulin en faveur de la dame du Roure. — Lettres et mémoires y concernant. — 41.

Expédition du testament de dame Françoise Eléonore de Monchanin, au profit de M. le marquis de Saint-Georges, son époux (25 juin 1761), reçu Ramey, notaire. — Copie de l'arrêt du Parlement de Paris (12 may 1762), qui authorise la fondation faite par ledit testament. — 42.

Expédition du testament et codicille de messire Charles-Louis-Cézar de Fay, seigneur comte de Gerlande, des 12 et 25 août 1738, reçus Cemat, notaire. — Contrat de mariage du très-puissant seigneur Charles-Louis-Cézar de Fay, comte de Gerlande, avec très-puissante demoiselle Marie-Marguerite-Eléonore de Fay de La Tour-Maubourg, du 25 septembre 1736, reçu Delolme. — Compte fait de la depte due par feu le maréchal à la demoiselle de Gerlande, sa petite-fille, avec les pièces justificatives dudit compte avant son mariage. — 44.

Mémoires sur la fondation due aux Carmes du Puy, les légats faits aux pauvres de la paroisse de Saint-Maurice, la fondation de cinq livres tous les ans pour douze messes, par le testament de Hector de Fay, seigneur de Maubourg, et d'une pension de vingt livres à un pauvre écolier pour lui aider à s'entretenir, une aumône de douze métans de bled seigle à distribuer tous les vendredis saints. — Extrait du testament de la sœur de Montjuvin, sœur de Saint-Joseph à Sainte-Sigolène, ledit feu seigneur nommé exécuteur testamentaire. — Donation et fondation faite par messire Jacques de Fay, comte de Maubourg, en faveur des sœurs de Saint-Joseph, de Sainte-Sigolène (24 novembre 1700), reçue Ravaisse, notaire. — 45.

Contrat de mariage de M. le comte de Seneuges, avec mademoiselle de Maubourg (24 août 1715), reçu Vallet, notaire. — Compte fait avec ledit seigneur comte de Seneuges de ce qui lui restait dû par le maréchal. — Quittance donnée par le seigneur de Seneuges (10 juin 1733) au maréchal, de l'entière dot de ladite dame, sa femme, Bronod, notaire à Paris. — 46.

Testament de feu messire Jacques de Fay, comte de Maubourg, du 4 avril 1710. — Testament de dame Éléonore Palatin de Dio, comtesse de Maubourg, 4 juin 1710. — Testament de madame de la Vieuville, première femme du feu maréchal, 26 février 1712. — Copie des articles de mariage du maréchal avec demoiselle de la Vieuville. — 47.

Brevet de chevalier des ordres du roy, du feu seigneur, joint dans une enveloppe au chapelet de l'ordre du Saint-Esprit. — 49.

Bulle de grand'croix et grand maréchal de l'ordre de Malthe, donnée en faveur de feu le grand bally de Maubourg (17 juin 1734). — 50.

Cayer de généalogie de la maison Fay-Peyrot, Maubourg, Gerlande et Coisse, en cinq feuilles. — 51.

Cayer de généalogie et du nom des enfants de messire Jean de Fay et de demoiselle Marguerite du Peloux, mariés, en trois feuilles. — 52.

Etat détaillé de l'acquisition des biens de La Collange, plus une copie de la déclaration faite à l'occasion de ladite acquisition par le défunt maréchal, en faveur de dame Montagne de la Suchère, qui lui a passé ladite vente. — Expéditions de deux quittances données par Jean-Louis Chevalier, prêtre, et le sieur Gabriel Chevalier, son frère, audit maréchal, pour le même acte, reçu Courtial, notaire (30 juillet 1760). — 53.

Transaction passée entre M. le marquis de Maubourg, M. le comte de Maubourg et M. le comte de Barbanson, sur la succession de madame la comtesse de Maubourg, 1er may 1755. — Contrat de mariage du défunt seigneur avec demoiselle de la Vieuville, avec les procurations de M. le comte et de madame la comtesse, pour consentir audit mariage. — Extrait baptistaire de madame de Trudène, marquise de Maubourg (31 janvier 1709).

—Testaments de M. le comte de Maubourg (4 avril 1710), et de dame Marianne-Lucie de la Vieuville (26 février 1712). — Contrat de mariage du feu comte de Maubourg, père du maréchal, avec demoiselle Eléonore Palatin de Dio (8 mars 1671), signé, pour l'extrait, Durand, notaire à Paris. — Mémoire de ce qui est à faire en payant le reste de la dot de mademoiselle de Maubourg. — Mémoire pour compter avec madame la comtesse de Marzac. — Quittance de 790 livres donnée au défunt maréchal (2 septembre 1720), pour le compte de la comtesse de Marzac. — Etat de ce que le maréchal doit à M. l'abbé de Maubourg, comte de Lyon, son frère; quittance de 1,800 livres donnée par le seigneur comte, compris 50 livres payées à la dame de Solignac, religieuse de Vienne. — Quittances données par M. Despomeys, prêtre économe du prieuré de Saint-Thomas-les-Nonins, de 324 livres pour les intérêts dus par le seigneur maréchal audit prieuré, des années 1749-50. — 58.

Différends brevets accordés par le roy au défunt maréchal, de coronel brigadier, maréchal de camp, commission de lieutenant général et 46 lettres pour servir et être employé dans les différentes armées ou ordres à ce sujet, réunis en une liasse, sous le n° 59.

Lettres écrites au maréchal par la dame de Langhac, abesse de Saint-Julien (13 et 23 février 1759). — 85.

Vieux comptes concernant M. Lassaigne de Sainte-Sigolène, M. de Boisse, madame de Maubourg, la religieuse, M. le commandeur de Maubourg, M. de Coleron, madame de Colombine, M. Dulac, médecin, madame de Fay, religieuse, les dames religieuses Sainte-Marie de Montbrison, l'Hôtel-Dieu de Montbrison, M. de Maraulès... Quittance de la dame de la Voirelle. — 90.

Comptes de dettes dues par feu M. le comte de Maubourg, père dudit seigneur maréchal, contenant celui de M. de Meranger. — Quittance du sieur de Meranger (24 mai 1715). — Compte de M. de Genestet, prévost de la cathédrale du Puy, de l'année 1713. — Id. des Pères de La Chaise-Dieu (1713). — Quittance des dames Ursulines de Montbrison (1708-14). — 91.

Liasse des mémoires suivants : le premier, qui fait voir qu'il n'y a point de substitution sur la terre de Fay; le deuxième, indication de conséquences qui regardent ladite terre; le troisième, concernant la recherche à Cedan qui a été passée par Henry de La Tour de Bouillon; le quatrième, pour parler à M. de Senozan; le cinquième, aussi de la vente des terres de la Brosse, Lapte et Fay; le sixième, concernant les rentes et produits des terres et domaines; le septième, un règlement pour l'exercice de la justice, le huitième, copie de l'acte de cession faite par le maréchal, le 8 novembre 1753, au sieur Lemore, des droits de taillabilité des terres de La Tour. — 94.

Liasse contenant l'obligation consentie par dame Eléonore de Dio de Montpeyroux, mère dudit feu maréchal (27 novembre 1713), reçue Jerphanion, notaire, de 45,375 livres en faveur du maréchal, son fils. — Quittance de 20,000 livres donnée par demoiselle Claudine de Fay à la dame comtesse de Maubourg (16 décembre 1713), reçue Babillon, notaire. — Acte de cession de droits consenty le même jour pardevant Babillon, notaire, par M. le commandeur de Maubourg, en faveur du maréchal, son neveu, de tous ses droits. — Quittance de 20,000 livres, donnée par la dame Eléonore de Fay, veuve du seigneur comte de la Garde de Marsac, à ladite dame comtesse de Maubourg, sa mère, de son entière dot (27 décembre 1713), reçue Babillon, notaire. — Quittance de 20,000 livres, donnée par feu Jean Philibert de Fay, chevalier de Malthe, à ladite dame de Montpeyroux, sa mère, pour ses droits légitimaires (5 juin 1714), reçue Barieu, notaire. — Quittance donnée le même jour, de 20,000 livres, à la dame comtesse de Maubourg, par demoiselle Elizabeth de Fay, sa fille, pour les droits légitimaires de messire Joseph de Fay, son frère, aussi religieux de Malthe, comme ayant pouvoir de les recevoir et en acquitter. — Quittance donnée par demoiselle Elizabeth de Fay à ladite dame de Montpeyroux, sa mère, de 20,000 livres aussy pour ses droits légitimaires (20 décembre 1713), reçue Jerphanion, notaire. — 95.

Lettres : la première, portant indication du testament de feu M. le commandeur de Maubourg, frère du maréchal; la deuxième, de M. le commandeur, qui indique le nom du notaire

qui a reçu la donation qu'il a faite de son bien en faveur du maréchal, et le compte qu'il faut demander à M. de Sassenage; la
troisième, une police passée entre le seigneur maréchal et le
commandeur, son frère, pour le domaine de Pouzol, en 1722;
la quatrième, lettre de M. le grand bally au seigneur le maréchal, son frère, du 16 décembre 1739, pour des arrengements
de payement du domaine de Pouzol; la cinquième, du même
au seigneur maréchal, par laquelle il lui promet de le rembourser
des avances qu'il a faites pour la charge de maréchal de l'ordre
de Malthe (25 octobre 1730). — 97.

Contrat de pension viagère de la somme de 200 livres, au
capital de 3,000 livres, par la dame de Trudaine, marquise de
Maubourg, fondée de procuration dudit feu le maréchal, son
mary, en faveur de demoiselle Elizabeth de Fay, sœur dudit
seigneur, par contrat reçu Malleys, notaire (27 juillet 1737). —
Lettre écrite au seigneur maréchal, par M. Cassière, procureur
du roy en l'élection de Clermont en Auvergne, par laquelle il lui
apprend la mort de demoiselle de Fay, sa sœur. — 108.

Précis du procès contre les habitants de Sainte-Sigolène. —
Arrêté de compte fait entre le maréchal et le Père prieur de la
Chartreuse du Puy, de la portion des fraix que ledit seigneur
devait supporter du procès intenté au sieur de la Servette en
démolition de son écluse sur la L'hoire, contenant quittance.
— 110.

Cession de droits faite par M. le commandeur de Maubourg
à défunt M. le maréchal, son frère, (26 juin 1678), avec la ratification de la cession de la part du grand-maître de l'Ordre. —
Billet de décharge (22 juin 1718) donné au maréchal des papiers
de Borée, par M. Duterral Destain. — La vente d'une compagnie
de chevaux-légers au régiment de l'Estrade, achetée par M. de
La Tour-Maubourg en 1659. — Pièces concernant la somme de
8,310 livres que le seigneur maréchal déclarait devoir à l'ordre
de Malthe. — 114.

Terrier de la seigneurie de Maubourg, fait en faveur de
messire Jean de Fay, comte de Maubourg, par Me Antoine Barlet,
en 1569, couvert en basane et contenant 79 feuillets. — 117.

Terrier de la seigneurie de Maubourg, en faveur de Jacques de Fay, père du maréchal (1694), reçu Faure, notaire. — 118.

Terrier de ladite seigneurie, en faveur de messire Jean de Fay, en 1632, reçu Baillard, notaire, contenant 51 feuillets. — 119.

Terrier en faveur du seigneur de Maubourg, reçu par Mᵉ Jean Pélissier, en l'année 1414. — 120.

Terrier et reconnaissances faites en faveur de nobles Charles et Pons de Chazellet, des rentes qu'il avait droit de prendre au lieu de Chazellet, la Rouchouze et autres lieux, reçu Daubin, notaire, en 1493, contenant 6 feuillets. — 122.

Contrat de nouvelle assence et investizion passé par noble Jean Mallet, en faveur de Jean Merle et autres, reçu Jean Dorée, en 1450. — 125.

Autre contrat de nouveau cens passé par ledit seigneur de Mallet en faveur de Pierre Varenne, reçu Pélissier, notaire (1397). — 126.

Autre contrat d'investizion passé par ledit seigneur de Mallet en faveur de Jean Dounat, d'un domaine de Montilhon, en l'année 1361. — 127.

Contrat d'investizion passé par messire Antoine de Senecterre, évêque du Puy, en faveur du seigneur de Maubourg et de dame Marguerite du Peloux, sa femme, de deux meteries assises au lieu de Loucea et d'Esclunes, acte reçu Tourenc, notaire, en 1586. — 128.

Contrat d'échange entre le seigneur de Mallet, seigneur de Maubourg, et François Barbière, de deux prés, acte reçu Mᵉ Chambert, notaire (le 5 mars 1512), en parchemin. — 130.

Contrat de vente passé par Vital Fau, en faveur de messire Jacques de Fay, comte de Maubourg, d'un pré apellé dou Besset, reçu Tavernier, notaire (17 novembre 1687). — 135.

Contrat de vente passé par sieur Christophe de Lagrevol à dame Marguerite de la Roche de Chamblas, dame de Maubourg (26 mai 1626), reçu Baillard, notaire. — 140.

Contrat passé pour une vente par messire Jean de Fay, commandeur de Montferrand, en faveur de Claude Mathias, reçu Mᵉ Lapomme, notaire (23 décembre 1618). — 141.

Vente passée en faveur de noble Guiot Mallet, seigneur de Maubourg, par Jean Mondon, reçu Me Tourenc (1501). — 155.

Vente passée par Philippe Varenne, en faveur d'Emphilize Delevère, d'une terre (en 1347). — 156.

Liasse étiquetée dixmes de Maubourg, taxe du sixième denier pour l'aliénation des biens de l'église, bénédiction de la chapelle, règlement de la confrérie de la Charité. — 160.

Contrats de mariage des seigneurs prédécesseurs du feu maréchal, dont la description est amplement faite dans l'inventaire trouvé dans l'armoire et qui y sont cottés depuis le n° 71 jusqu'au 102 : le premier est celui de Jacques de Fay, comte de Maubourg, avec demoiselle Eléonore Palatin de Dio... Nous y avons ajouté trois autres mariages, ceux de..... de La Tour, seigneur de Saint-Quintin; de noble Jean de Chapteuil, seigneur de Bonneville, et de messire Antoine-Jacques de Bayle, seigneur de La Bastie. — 161.

Liasse étiquetée contrats d'Ingrès en religion et pensions accordées, qualifiées et cottées dans l'inventaire trouvé dans l'armoire : avons cotté ladite liasse, sur le premier contrat qui est celui de constitution et pension faite à messire Joseph de Fay, chevalier de Malthe. — 162.

Liasse de testaments des seigneurs prédécesseurs dudit maréchal, décrits amplement dans l'inventaire..... plus le testament de noble Pierre de Fay (12 juin 1636), et ceux de dame Eléonore de Dio, comtesse de Maubourg, et de puissant seigneur Jacques de Fay, comte de Maubourg, tous les deux du 7 juillet 1674, cottée ladite liasse sur le premier testament, qui est celui de Jean de Fay, seigneur de La Tour-Maubourg. — 163.

Donations, nominations de tutelles, ouvertures de testaments, amplement décrits dans l'inventaire du n° 137 à 144, cottés sur le premier acte, qui est une donation faite par messire Nicolas de Fay, prieur de Chamalières, en faveur de noble Jacques de Fay, son frère, en date du 18 juin 1618. — 164.

Liasse de titres honorifiques, décrits et cottés dans l'inventaire ancien, du n° 155 au 161, et du n° 162 à 184, et cottée sur l'enregistrement du mariage de Jean-Hector de Fay. — 166.

Rente due par les seigneurs de Maubourg, de la somme de 75 livres, annuellement, aux Pères Bénédictins de La Chaise-Dieu, à raison de la rente en directe dont les seigneurs de Maubourg jouissent dans la terre de Saint-Maurice-de-Lignon, appellée la rente du prieuré, laquelle avait ci-devant appartenu auxdits Pères Bénédictins. — 172.

Contrat de vente de la directe des Pinatelles, consentie par ledit maréchal en faveur de la dame de Montregard (18 novembre 1722). — Vente du domaine et moulin des Fayes à Jean-Baptiste Courbon, de Monistrol (16 janvier 1729), vente n'ayant pas eu son exécution. — Vente, par ledit seigneur, de son domaine du Bouchet, à Jean-Claude Ponchon, de Beauzac (28 octobre 1722). — Dettes dues par le seigneur maréchal aux dames religieuses du prieuré de Saint-Thomas. — Quittances données par la dame prieure de Saint-Thomas (1736-7-8). — 174.

Titres en parchemin pour la taillabilité et autres droits seigneuriaux de Maubourg, pour les années 1326, 1371, 1459, 1547, 1513. — Droits de taillabilité sur les hommes de Maubourg, à l'occasion du mariage de mademoiselle de Bressolles. — 176.

Actes de justice et taillabilité, et autres droits seigneuriaux, en 1300. — Lettres royaux obtenus le 26 juin 1464 concernant le droit de garde du château de La Tour-Maubourg. — Autres requêtes, réponses personnelles. — 177.

Plusieurs pièces concernant le comte de Maubourg et le comte de Brion. — Anciennes lettres et anciennes pièces d'instance dudit comte de Maubourg, contre le comte de Brion, — Anciens comptes dus par le pays de Velay en 1652. — Délibérations des Etats particuliers du Velay, en 1647 et 1648. — Anciennes quittances dues à messire de Montabonnet, en 1667, et un factum imprimé pour feu messire le comte de Maubourg, contre messire le comte de Brion, et contre messire Alphonse de Clermont, comte de Chatte. — 181.

Quatre vielles provisions ou bref de Rome, en faveur de Nicolas de Fay, pour l'abbaye de Saint-Vozy, du Puy, et du prieuré de Chamalières, avec les vizas des grands vicaires du Puy, le tout en parchemin. — 184.

Liasse d'anciennes quittances de tailles et rentes payées par feu le comte de Maubourg, père du maréchal, à un des frères, en 1685, à laquelle est joint une quittance de la rente due aux chanoines de la cathédrale du Puy, sur le domaine de Saint-Maurice, des années 1732-1737. — 186.

..... Copie d'arrêt contre le sindic de l'université de Saint-Mayol (31 août 1696). — Mémoire sur l'acquisition faite par le sieur Ducoin, de la rente de Montregard, par lequel il est porté que le défunt maréchal ne reçut les lods de ladite rente qu'à la charge et condition que ledit Ducoin, ni les siens, ne pourraient chasser ni pêcher que dans l'étendue dudit fief, et non ailleurs. — Une délibération prise par les habitants de Sainte-Sigolène, du 24 août 1740, par laquelle ils délibèrent sur tous les articles des observations envoyées par messire le syndic général de la province, au sujet des dépenses de ladite communauté, et par laquelle ils consentent à l'établissement d'un second vicaire dans ladite paroisse. — 191.

Anciennes quittances des dots des demoiselles de la maison de Maubourg, non détaillées, à cause de leur ancienneté. — 192.

Transactions passées entre le seigneur Jean de Fay, baron de La Tour-Maubourg, et messire Marc de Baumont (février 1630), reçues Baillard, notaire. — *Id.*, entre le seigneur de La Tour-Maubourg et les Bénédictins de La Chaise-Dieu (27 juin 1602), reçue Lapomme, notaire. — Donations. — Ventes. — 193.

Etat des hommages rendus par les seigneurs de Saint-Didier aux évêques du Puy, pour la terre de Dunières. — Acte de procuration donnée par le maréchal à dame Agnès de Trudaine, son épouze (10 septembre 1736), par laquelle ledit seigneur lui donne pouvoir de faire l'acquisition de la moitié de la terre de Dunières, de transiger sur tous les procès qu'il peut avoir, de passer de nouveaux beaux aux fermiers... reçu Sabot, notaire. — Mémoires, l'un pour le rétablissement de la charge de châtelain en la juridiction de Dunières, et l'autre pour le recouvrement des titres de la terre et baronnie de Dunières concernant la portion dudit maréchal. — 194.

Ancien inventaire des titres, documents et papiers de la terre et seigneurie du mandement de La Tour et ses dépendances, fait en 1729, par Chapon, commissaire à terriers, de la ville du Puy. — 198.

Terrier en faveur de puissant seigneur messire Jean de Fay, des rentes qu'il prend au lieu de Saint-Romain, Veyrines et la Collange, à raison des acquisitions faites par ses prédécesseurs, en l'année 1652, reçu Faure, notaire, de Veyrac. — 201.

Terrier en faveur dudit Jean de Fay, de la rente acquise de noble Jean de Colomb, en l'année 1650, finissant par la reconnaissance de Jacques Soubeyran, écuyer, seigneur de Montgiraud. — 202.

Terrier fait en l'honneur de noble Jean de Colomb, seigneur de Palhet, des cens et rentes qu'il prenait au lieu de Fey, en l'année 1643. — 203.

Terrier en faveur de noble Charles de Bronac, seigneur dudit lieu, des cens et rentes qu'il avait droit de prendre au lieu de Vareilhes, Fauvel, la Souche et la Chazelie, reçu Gaize, notaire, en 1604, finissant par la reconnaissance de noble Guilhaume de la Faye, sieur du Riviest. — 204.

Terrier en faveur de messire Hector de Fay, des cens et rentes du mandement de La Tour-Sainte-Sigolène, fait en 1596, par Baillard, notaire, finissant par la reconnaissance de noble Blaize de Chave. — 205.

Terrier fait en faveur de noble Gabriel de la Faye, châtelain de La Tour-Maubourg, des cens et rentes qu'il prenait dans les lieux de Vareilhes, la Morlière et Bugnazet, en 1588, reçu par Bourret, notaire, contenant 34 feuillets. — 206.

Terrier en faveur de Jean de Fay, des cens, rentes et autres droits dus par les hommes du mandement de La Tour-Sainte-Sigolène et autres (1553), reçu Barlet, notaire. — 207.

Terrier fait en faveur de noble Guillaume de Sicard, seigneur de Cublèzes, des cens et rentes qu'il prenait au lieu de Fey, (en 1546). — 208.

Terrier en faveur de puissant seigneur Christophe de Fay, seigneur et baron de La Tour-Maubourg, des cens et rentes qu'il prenait sur les hommes de son mandement de La Tour-Sainte-Sigolène, en 1538, reçu Pélissier, notaire. — 209.

Cayer de reconnaissances en faveur de noble Louis, bastard de La Tour, châtelain de ladite juridiction et mandement de La Tour, au nom dudit seigneur de La Tour-Maubourg, par les hommes dudit mandement, du droit de main-morte, taillabilité et autres devoirs seigneuriaux (1504), reçues Jean Chambert, notaire. — 210.

Terrier des cens et rentes que noble Jean de Colomb prenait ès lieux de Fey et Saint-Romain, en l'année 1503, lesquelles rentes furent acquises par le seigneur de La Tour-Maubourg, reçu Daulieu, notaire. — 211.

Terrier en parchemin, en faveur de noble Guiot de Sicard, seigneur de Cublèzes, des rentes qu'il avait droit de prendre au lieu de Cublèzes, en 1493, reçu Basset, notaire. — 213.

Terrier en faveur de noble Anne de Bayle de Martinas, femme de Me Pierre Giraud, notaire [de Chatilleux, des rentes qu'il prenait dans la paroisse de Lapte (1488), reçu Fabre, notaire. — 214.

Terrier en faveur de noble Giraud de Chazellet, des cens et rentes par luy acquises de noble Isabeau de Branse, en l'année 1472, reçu Daulieu, notaire. — 215.

Terrier en faveur dudit noble Giraud, des cens et rentes ci-dessus, en 1462, reçu Daulieu, notaire. — Une reconnaissance faite par J. Barlet à noble Gaspard de La Rochette, des fonds situés au lieu du Montel et Chatagnier (en 1526). — 216.

Terrier des mêmes cens et rentes fait en faveur de noble Giraud de Chazellet (en 1452). — 217.

Terrier fait en faveur de Jean Mallet, seigneur de La Tour-Maubourg et Chabrespine, des cens, rentes et autres droits seigneuriaux qu'il prenait sur les hommes du mandement de La Tour-Sainte-Sigolène (1440), reçu Pons Pélissier. — 218.

Terrier, en un petit rouleau parchemin, en faveur de noble Bertrand Mallet, seigneur de La Tour, par les amphithéotes du mandement de La Tour (1336), reçu Me de Froze, notaire. — 220.

Terrier fait en faveur du défunt maréchal, de la rente de Chantemuïle, par les amphithéotes de ladite rente (1740), reçu Sabot, notaire. — 222.

Hommages rendus aux seigneurs de La Tour par les seigneurs directs possédant fiefs relevant et se mouvant de ladite seigneurie de La Tour, au nombre de cinquante, tous en parchemin, cottés à l'ancien inventaire, du n° 27 à 76. — Extraits de lièves. — Mémoire pour servir à l'homage que doit rendre le seigneur de Martinas au seigneur de La Tour. — Vente passée par noble Jacques de La Tour, seigneur de Bains, en faveur de noble Gille Pasturel, seigneur de Beaux, de 15 livres de rentes, de l'année 1436. — Mémoire de l'homage qu'a rendu noble Jacques Mallet, seigneur de La Tour, à monseigneur l'évêque du Puy. — 223.

Liasse étiquetée *Moulin bannal*, contenant : 1° contrat de nouvelle afferme passé par le seigneur de La Tour-Maubourg, d'un moulin sur la rivière de Moulinet (26 octobre 1674), reçu Chamory, notaire. — Reconnaissances en faveur de noble Christophe de Fay, seigneur de La Tour, du droit de moudre au moulin de La Tour, en 1300. — Contrat en déguerpissement fait en faveur de noble Joucerand Mallet, par Hélix de Sainte-Sigolène et Jacques, son fils, du moulin appellé Gay, qu'ils avaient à La Tour, en 1302, reçu Chierblanc. — Procès fait à la requête de noble Guiot Mallet, contre Jean Bonnafy, du lieu de La Bastie, mandement de La Tour, consistant en une sentence et un arrêt des Grands-Jours, pour raison de ce que les habitants de La Bastie allaient moudre ailleurs qu'aux moulins de La Tour, ledit procès étant de 1489, et l'arrest des Grands-Jours, de 1548. — 224.

Deux actes en parchemin : le premier, de 1311, fait devant les officiers de La Tour, par lequel il paraît que le lieu de Boucherolles est une dépendance de la justice du seigneur de La Tour; le deuxième, tenue d'assises de justice par les officiers de La Tour. — 228.

Fondations et patronages cottés dans l'ancien inventaire, du n° 128 à 134, et pour cela non décrites ici. — 229.

Permutations et échanges. — Contrat d'échange entre le seigneur de Mallet, seigneur de La Tour et le seigneur Bernard de Castanet, évêque du Puy, en 1234. — Contrat d'échange entre le seigneur de Cublèzes et Guillaume Faure (1497). —

Contrat d'échange entre noble Jousserand Mallet et noble Hugon de Salsac, de 1322, amplement décrits dans l'ancien inventaire, à raison de ce simplement cottés. — 230.

Cadastre ancien du mandement de Chabrespine. — Brevet de terrier de noble Louis d'Alles, seigneur de la Bruyère, de la rente qu'il prend dans la paroisse de Lapte. — 242.

Titres, papiers et documents de la terre et seigneurie de Lignon, fait en 1729. — Inventaire des..... — 248.

Contrat d'abenevis passé par le prieur du Fraisse aux hommes de Maubourg, de la levée de l'eau pour le moulin de Tourtourel, en parchemin, de 1313. — Quinze contrats d'investizions et anciennes reconnaissances faites par [différents amphithéotes aux seigneurs de Lignon, depuis 1322 à 1529, décrits dans l'ancien inventaire, du n° 71 à 85 et 86, à raison de ce seulement cottés. — 254.

Actes anciens au sujet de la justice de Lignon, garde et réparation du château et vérification des réparations à faire au pont de Lignon, amplement décrits dans l'ancien inventaire. — 258.

Péages de Lignon, tarif des droits de péage. — Hommages par les seigneurs de Lignon, en 1345 et 1454, en parchemin. — 261.

Enquête pour établir la nobilité des seigneurs de Tourenc, anciens seigneurs de Lignon, de l'année 1534. — Généalogie de la maison de Rochebonne. — 263.

Dix anciens contrats de mariage de la maison de Tourenc et de Rochemure, anciens seigneurs de Lignon. — 264.

Quatorze anciens testaments de la maison de Torenc. — Pièces servant à établir que la dame Deprade n'avait aucun droit sur le domaine des Fayes, qu'elle réclamait. — 265.

Acte d'une fondation faite en 1554, reçu Héritier, notaire. — Contrat de maintenue en faveur des prêtres de Saint-Maurice-de-Lignon (1521). — 267.

Registres de la juridiction de Lignon. — Sentence en parchemin rendue par les officiers de Lignon à la poursuite du seigneur de Lignon, contre des particuliers qui avaient enfoncé les portes. — 268.

Deux terriers faits en faveur des sieurs Pons Pélissier et Pierre Fabri, marchands, de Saint-Didier, des rentes qu'ils prenaient dans la rente et seigneurie de Lignon (1457 et 1494), reçu Faya, notaire. — 283.

.... Concession faite par le Roy de l'établissement de quatre foires au bourg de Saint-Maurice-de-Lignon, en 1647. — 285.

Inventaire des titres des terres et mandements de Chanteloube, Labastie et Pouzol, fait en 1729, par Gaspar Chapon, du Puy. — 287.

Dix-sept anciens testaments des seigneurs de Bayle et de Pouzol, sur le premier qui est celui de noble Pons de Bayle, seigneur de La Bastie, nous avons cotté n° 306.

Brevet du terrier fait en faveur de noble Jacques Bayle, seigneur de La Bastie, du 14 juillet 1614, reçu Descours. — Répertoire du terrier fait en faveur de messire Jacques-Antoine de Bayle de Fay, seigneur de La Bastie, en 1690, reçu Gory, notaire. — 314.

Procès entre noble Charles du Peloux et autres contre noble Guillaume de Bayle, seigneur de Pouzol. — 315.

Terrier en faveur de noble Jacques de Bayle de Pouzol et Guillaume de Fay, son beau-fils, seigneurs de Pouzol et de La Bastie, commençant par la reconnaissance de noble Pierre Bordier de la Ribette, en 1626, pour expédition, Guillat, notaire. — 318.

Terrier de la terre de Chanteloube, en faveur de puissant seigneur Jacques de Fay, seigneur de La Bastie et Pouzol, en 1695, reçu Me Faure, notaire du Puy. — 319.

Terrier de Pouzol et ses dépendances, en faveur de puissant seigneur Jacques de Fay, en 1696, reçu Faure, notaire. — 320.

Liasse composée : d'un hommage rendu par Pons de Chambonnet au seigneur de Jourdan, en 1315 ; — de deux hommages, des 4 et 9 may 1352, rendus par les seigneurs de La Bastie au seigneur de Fay, des rentes qu'il prenait aux lieux dépendant de ladite terre de Fay; — d'un contrat de nouveau cens de l'année 1313, établissant les rentes que le seigneur de La Bastie prenait aux lieux de Maisonnette et le Fraisse; — d'une transaction contenant reconnaissance faite par Jacques Teste en faveur de sieur Jacques Bayle, seigneur de La Bastie, en 1457; — d'une sentence du présidial de Nismes, du 22 mars 1557, en faveur de Jean Bayle, seigneur de La Bastie, contre Guillaume et Pierre Teste; — d'un contrat de nouvelle assence passé par le seigneur de La Bastie, d'un domaine appellé de Loulier, en 1415; — d'une sentence du sénéchal du Puy, du 23 août 1704, en faveur de messire Jacques de Fay, chevalier, seigneur comte de La Tour-Maubourg, contre M. le comte de Rousillon, Jean Berard et autres du lieu de Loulier; — et, finallement, d'un hommage rendu par noble Guillaume Bayle à messire Bertrand de Crussol, seigneur de Fay, en 1340 : toutes lesdites pièces en parchemin. — 322.

Liasse consistant en : deux copies de l'échange de rentes qui fut fait entre le seigneur de Fay et le seigneur de La Bastie, en 1350 et 1352, l'une en latin, l'autre en français; — une ancienne lièvre de 1685, des cens et rentes que le seigneur de La Bastie prenait dans plusieurs villages de la terre de Fay; — une sentence en latin, de l'année 1519; — en la minute informe d'une reconnaissance de messire Demorange, de ce qu'il possédait et devait reconnaître au seigneur de La Bastie; — et plusieurs plans et brevets concernant les rentes relevant dudit seigneur de la Bastie. — 323.

Liasse contenant l'ancienne transaction passée en l'année 1539, portant fixation des limites de la terre de La Bastie d'avec celle du Mezen, appartenant aux Pères Chartreux de Bonnefoy, ensuite d'une ancienne vérification faite par expert dont le rapport est joint à ladite transaction, et un nouveau plan fait pour fixer la partie de la montagne de Signon étant de la terre de La Bastie, et plusieurs cayers de division et brevets de partage. — 324.

Factum détaillé sur le concours de directes, qui était entre le seigneur de Fay et le seigneur de La Bastie, sur les villages du Mont et du Bouchet. — Plusieurs brevets et hommages servant à faire décider le concours de directes. — Rapport d'expert pour le règlement dudit concours. — Transaction d'autorisation dudit rapport passée par les procureurs fondés des seigneurs de

Fay et de La Bastie. — Acte de ratification de ladite transaction passé entre le feu maréchal de Maubourg et M. le marquis de la Salle, et la dame marquise de Chattes, son épouse, seigneurs de Fay, en l'année 1757, à Paris, par le moyen de laquelle transaction le concours a été vuidé en faveur du seigneur de La Bastie; cottée ladite liasse. 326.

Terrier de La Bastie, Chanteloube, Arsac et Pouzol, in folio, fait en 1738, en faveur du seigneur maréchal par Me Fontanille, commissaire à terrier, de la ville de Tence. — 327.

Dixmes de Saint-Front. — Arrêt rendu à raison desdites dixmes, en 1676, à la requête du prieur de Saint-Front. — 328.

Plans des différents villages dépendant de la terre de La Bastie et principalement des villages du Mont et du Bouchet, pour servir à la vérification du concours de directe entre le seigneur de La Bastie et le seigneur marquis de la Salle, seigneur de Fay. — 331.

Ancien inventaire général des titres et documents de la maison de Pouzol et La Bastie. — Reconnaissance passée par Pierre de Lardeyrol en faveur de Jacques de Bayle, seigneur de Pouzol, en 1492. — Ancien extrait de contrat de mariage de la maison de La Bastie, en 1406, signé Mathie, notaire. — Inventaire des biens de noble Pons de Bayle, et autres pièces anciennes. — 334.

Liasse contenant contrat d'achat de biens fait de Vital Raberin, par la dame Marguerite du Peloux, dame de Maubourg, en 1590. — Contrat d'acquisition de rentes ou ratification d'icelle passée en faveur du seigneur Jean de Fay, par Me Figon, des rentes qu'il prenait au mandement de La Tour, en 1638. — Contrat de subrogation à l'acquisition faite des rentes du seigneur de Bronac, en faveur du sieur Jerphanion, ladite subrogation en faveur du seigneur de Maubourg, en 1659. — Contrat de cession de prise d'eau consenty par François Raberin en faveur de puissant seigneur Jacques de Fay, seigneur de Maubourg, en 1687. — 335.

Ancien inventaire des titres de Paillarey, auquel se trouve attachée une décharge de la plupart des titres qui y sont décrits, donnée et signée par Mathieu Descours et Joseph Descours, son fils, notaire, en 1729 ; ayant ledit Descours acquis ledit fief e} château, domaine et fond de Pailharey. — 336.

Liasse concernant ledit Descours, acquéreur dudit domaine et fief de Pailharey. — Décharge du terrier et brevet des rentes de Boutières, du 22 may 1722. — Trois autres décharges consenties par ledit Descours, les 15 octobre 1722 et 7 septembre 1725. — 344.

Registre des décisions et brevets des terriers de Verchères, de Seveyrac, de Chazelles, Rozières, Beaulieu, et autres lieux, ledit couvert en parchemin. — 351.

Rapport fait par Me Sabot, en 1731, à l'occasion des usurpations que l'on croyait avoir été faites par les habitans de Cublèzes, du domaine dudit seigneur, audit lieu, sur partie des fonds qui le composent. — Reconnaissance de l'année 1700, consentie par Jean Baillard des Combeaux, en faveur de messire Jacques de Fay, seigneur de La Tour-Maubourg. — Déclaration et dénombrement donné au sénéchal de Beaucaire par Guiot Mallet, seigneur de La Tour. — Dénombrement fait et reçu par Me Pélissier, notaire, de tous les fiefs dépendant de La Tour-Maubourg et Chabrespine.

Terrier de Chazelles, Rozières, Bays, Ardenne et Beaulieu, en un grand rouleau de parchemin, en trois peaux, de l'année 1497, consenty par les emphitéotes desdites terres, en faveur de noble Jean Ruel, sieur de Treslemond, de la paroisse d'Yssengeaux. — Reconnaissance consentie par Jean Savel de Chazelles, en faveur de noble homme Jacques Chapard, seigneur de Verchères (16 mars 1580), reçu Lafaye, notaire. — Terrier fait en faveur de Jean de Fay, seigneur de La Tour-Maubourg, des cens et rentes qui lui étaient dus aux terroirs de Beaulieu et d'Ardenne, en 1636, reçu Blanc, notaire. — Terrier des rentes que noble Hector de Fay, seigneur de La Tour, avait droit de prendre au mandement de Recours, en l'Emblavez, consenty par les amphitéotes possédant les biens sujets auxdites rentes, en 1596, reçu Bernard, notaire. — Terrier de 1497, reçu Mathieu. — Anciennes lièves des rentes de Beaulieu, Chazelles et Rozières, toutes pièces essentielles pour le procès encore pendant, tant au sénéchal du Puy qu'en Parlement de Toulouse, à la requête dudit feu maréchal, contre les emphitéotes. — 353.

Le 26 septembre, dans la soirée, l'inventaire des biens, titres..... du feu maréchal de Maubourg fut terminé. La clef des archives, celle du cabinet de la bibliothèque et du grenier à bled furent laissées à Me Lemore, qui les avait cy-devant, et qui se chargea de les remettre à qui de droit; les autres clefs du château furent laissées à Claire Bardon, gouvernante, qui les avait aussi précédemment. La clef de l'armoire, qui était dans l'appartement du seigneur maréchal, resta entre les mains de Me Moret, notaire à Monistrol, jusqu'au 12 juillet 1765, époque à laquelle elle fut réclamée par M. Fay-Maubourg.

Les sommes suivantes furent comptées à la clôture de l'inventaire :

A M. Blaize Courtial, procureur fondé du sieur Brignon, 150 livres;

A M. Liogier-Lassaigne, gardien des scellés, pour son droit de garde et assistance au présent inventaire, 180 livres;

Aux témoins qui ont toujours assisté au présent inventaire, pour se partager entre eux deux 72 livres.

Le Puy, imprimerie J.-M. Freydier, place du Breuil.

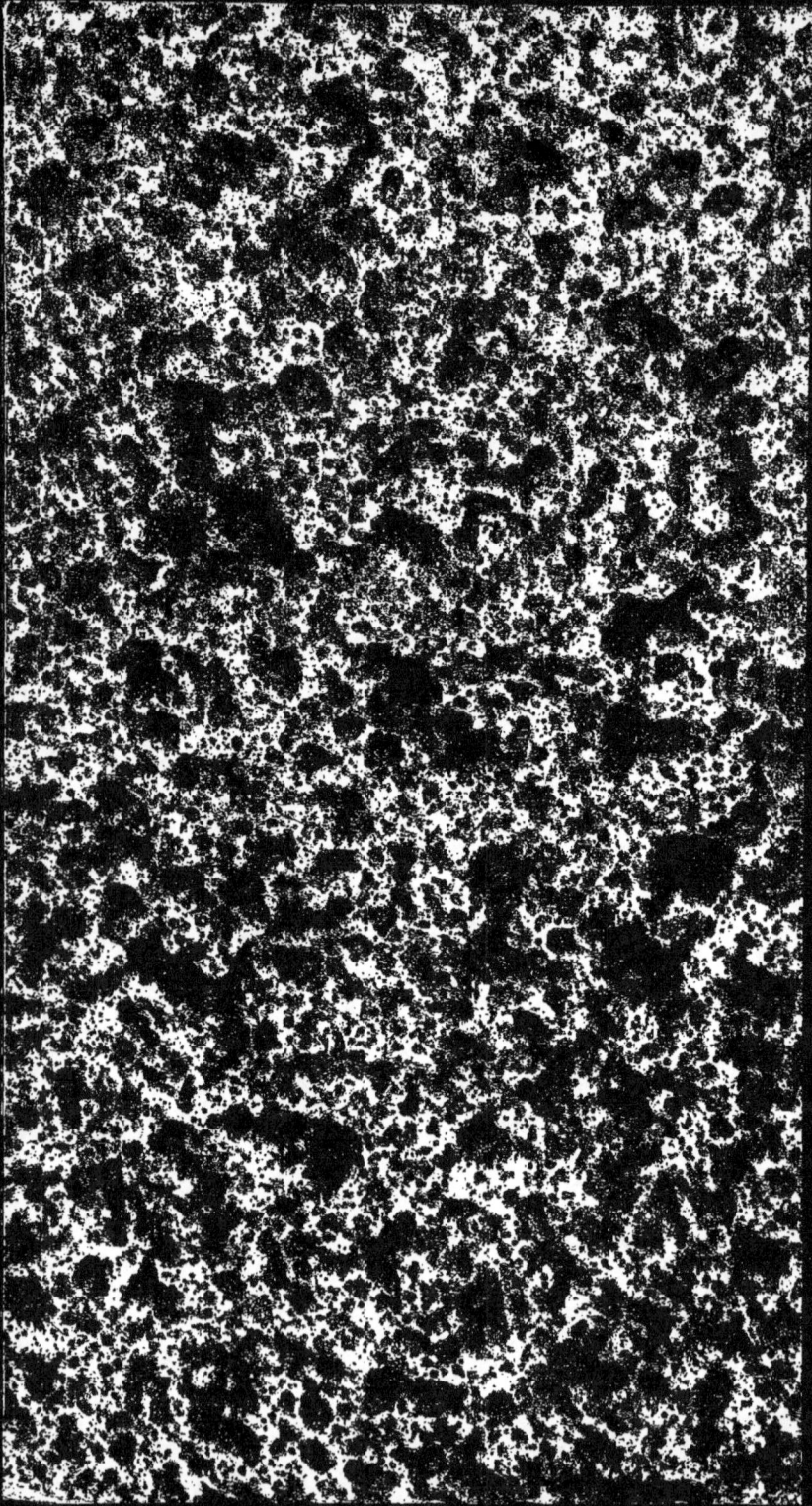

.

www.ingramcontent.com/pod-product-compliance
Lightning Source LLC
LaVergne TN
LVHW022035080426
835513LV00009B/1061